Bloc
de actividades

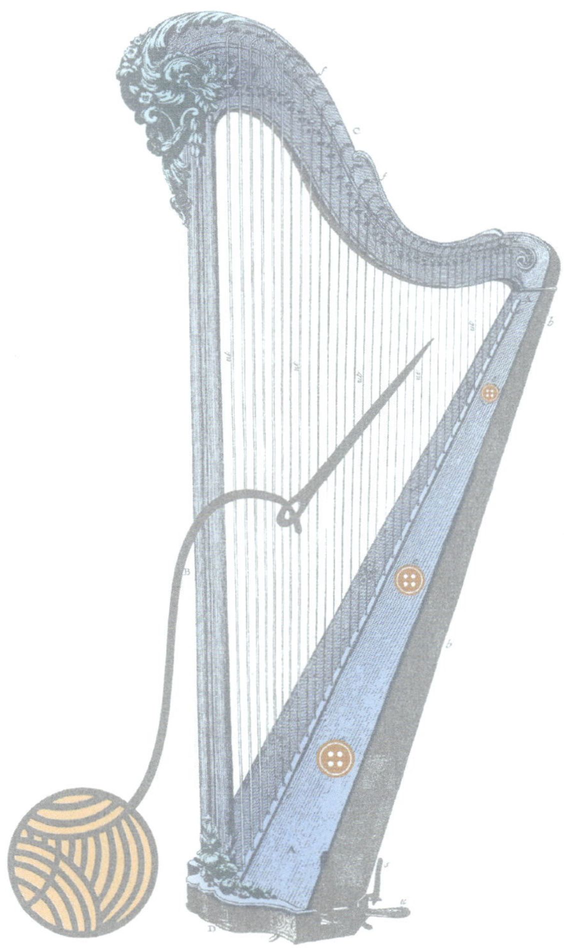

ESO

Concierto II

Música

Á. Gutiérrez

TEIDE

Esta obra ha sido impresa sobre papel ecológico y 100 % reciclable.

Cubierta
La Page

Diseño de maqueta
Anglofort; Naono, S. L.

Ilustraciones
Kaffa

Fotografías
AGE Fotostock, Album, Archivo Teide, P. Carrión, M. Clemente, Index, Prisma

Preimpresión
Anglofort

Primera edición, 2015

info@editorialteide.com
www.editorialteide.com

ISBN: 978-84-307-9019-7
Depósito legal: B 22833-2015
Impreso en Índice, S. L. - Fluviá, 81-87 - 08019 Barcelona

Índice

1 Música de ayer

ACTIVIDADES DE REFUERZO **Fecha** ....

1. Observa la colocación de las notas en el pentagrama.

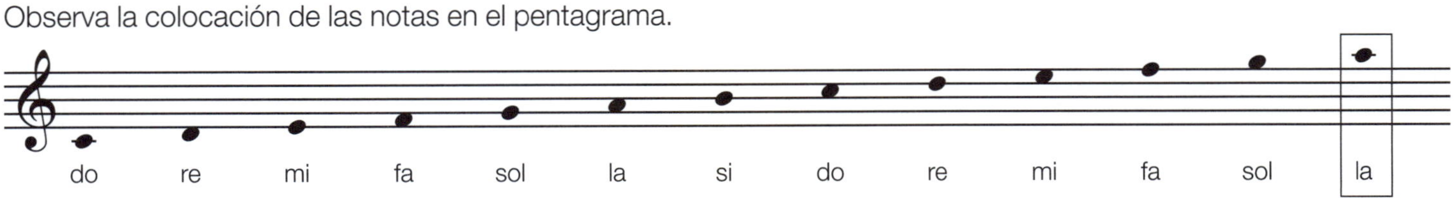

2. Completa esta serie hasta la nota la aguda. Pon el nombre de las notas.

3. Copia estas escalas de Do Mayor y coloca la distancia de tono o semitono que separa las notas:

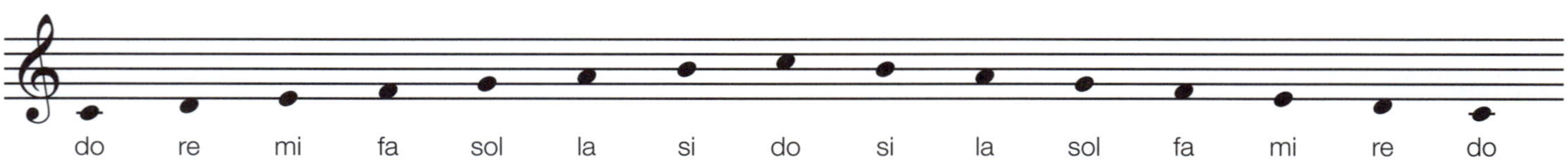

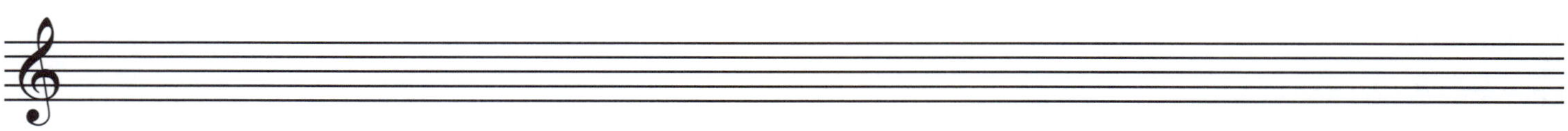

4. Escribe, en este teclado de piano, el nombre de las notas y dibuja una marca en las distancias de tono y semitono que hay entre las teclas:

5. Observa la colocación de los grados en la escala de Do y pon debajo sus nombres:

6. Completa los compases de estos ejercicios poniendo las figuras y silencios que conoces:

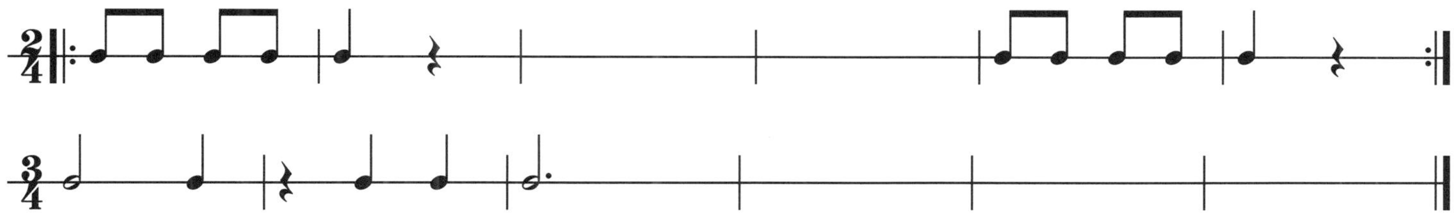

7. Observa las síncopas y añade más compases similares.

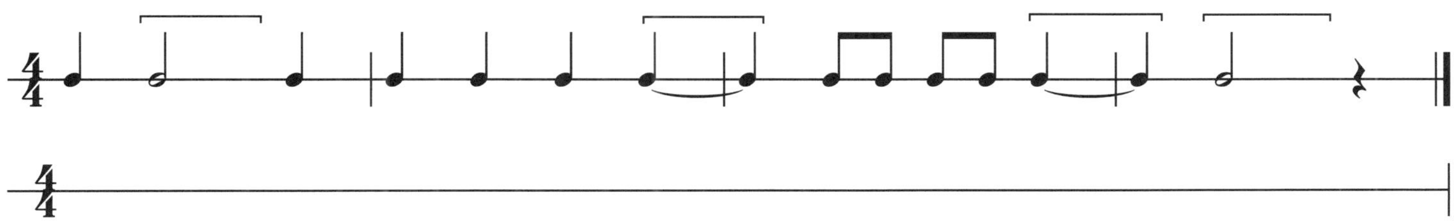

8. Completa los compases intermedios con síncopas y notas a contratiempo.

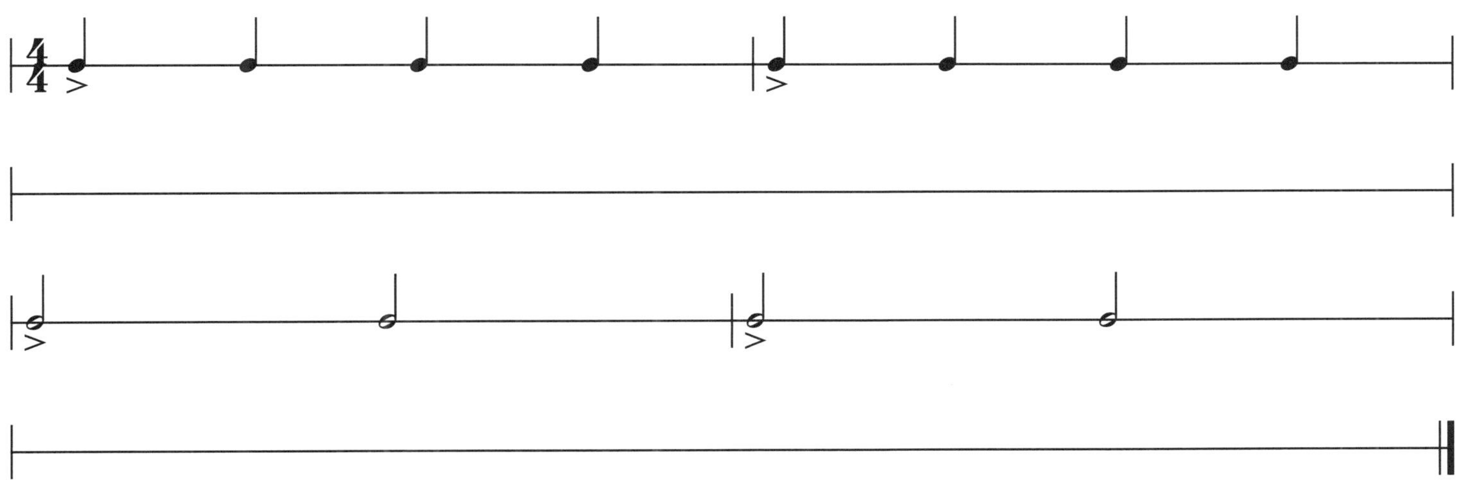

9. Inventa un ejercicio en 4/4 que comience en anacrusa y contenga semicorcheas y silencios, entre otras figuras.

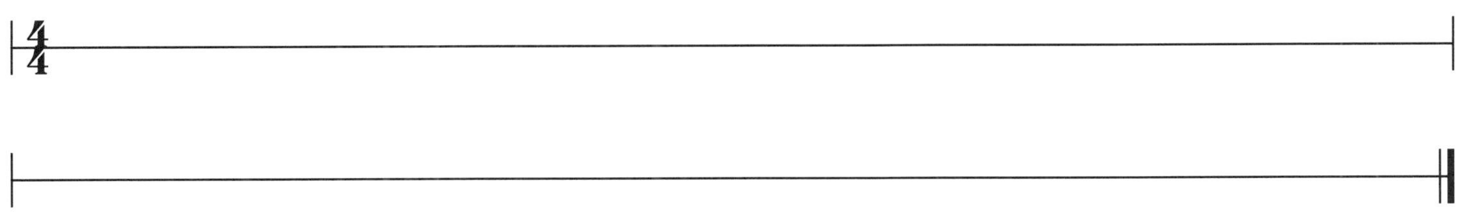

 Fecha ....

1. Escribe, en este teclado de piano, el nombre de las notas e indica la distancia que hay entre las notas blancas y negras:

2. Completa el siguiente cuadro poniendo los grados de la escala, el nombre y las características de cada uno:

Grado	Denominación y características principales

3. Analiza la partitura de esta canción y explica los siguientes elementos:

Yellow submarine

The Beatles

En cuanto al ritmo:

El compás ....

Figuras y silencios que contiene ....

Signos de prolongación ....

En cuanto a la melodía:

El ámbito (nota más grave a nota más aguda) ....

Las alteraciones propias y accidentales ....

La escala y tonalidad de la pieza ....

4. *Yellow Submarine* está escrita en la tonalidad de Fa Mayor, que tiene la nota si alterada en la armadura de la clave. Escribe la escala de Fa Mayor ascendente y descendente, y pon debajo los grados de la escala.

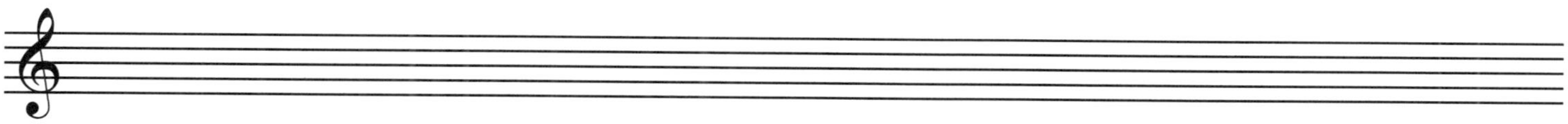

....

5. Forma los acordes para un acompañamiento elemental de la canción *Yellow Submarine*.

Ten en cuenta que los acordes más frecuentes para un acompañamiento elemental son: *acorde de tónica*, que se forma con el grado I de la escala; *acorde de subdominante*, que se forma con el grado IV de la escala, *acorde de dominante*, que se forma con el grado V de la escala.

Acorde de tónica I

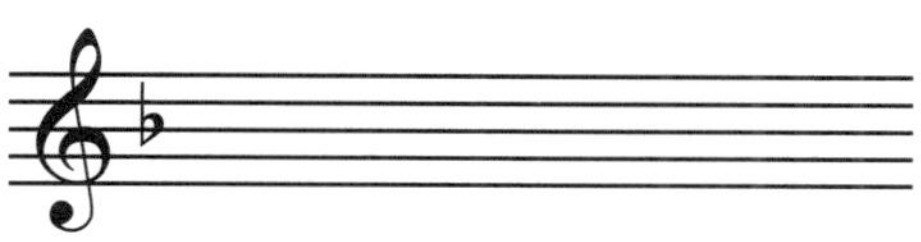

Acorde de subdominante IV

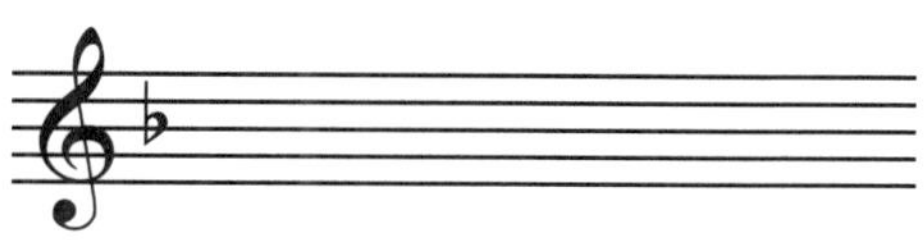

Acorde de dominante V

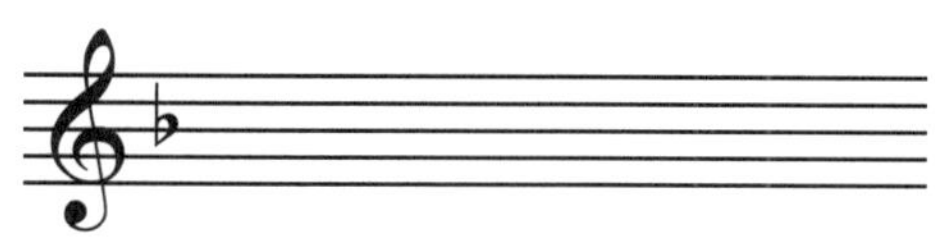

6. ¿A cuántas partes de un compás de 4/4 equivalen estos grupos de figuras?

Figuras	**N.º de partes**	**Figuras**	**N.º de partes**
	....		....
	....		....
	....		....

 Fecha ....

1. Escribe la escala *ascendente* de Do. Indica la separación entre las notas.

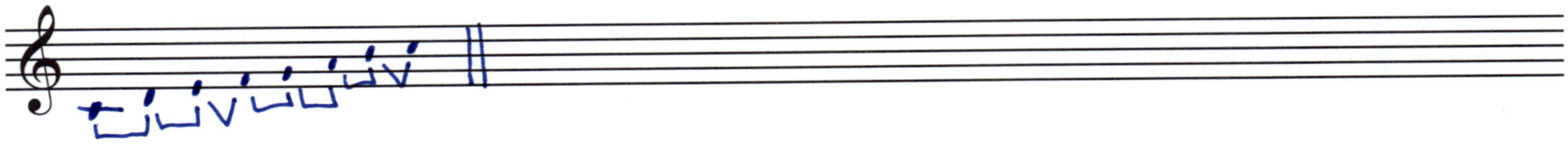

Escribe la escala *descendente* de Do. Indica la separación entre las notas.

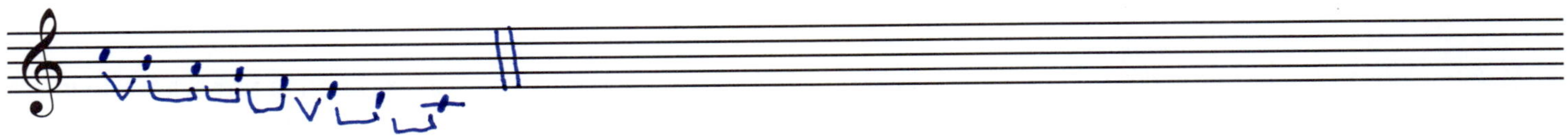

2. Completa las siguientes frases:
   - La escala *ascendente* comienza por el sonido .... y termina por el sonido ....
   - La escala *descendente* comienza por el sonido .... y termina por el sonido ....

3. Explica qué son los grados de la escala.

....

....

4. Indica a qué grados corresponden estos nombres:

   Tónica .... Mediante .... Dominante ....

5. Completa:
   - Las notas están separadas unas de otras por una distancia que se llama ....
   - Hay notas que están más próximas entre sí y la distancia que las separa es ....
   - Explica cómo es la separación de tonos y semitonos en la escala de Do ....

6. Responde:

   a) ¿Qué es el canto gregoriano? ....

   b) ¿Quiénes son los trovadores? ....

   c) ¿Quiénes son los juglares? ....

   d) ¿Qué es la polifonía? ....

7. Escribe los nombres de los instrumentos de la Edad Media que conoces.

....

....

ACTIVIDADES DE DICTADO MUSICAL

Fecha ....

1. Escucha e identifica los fragmentos de esta melodía:

1. 

2. 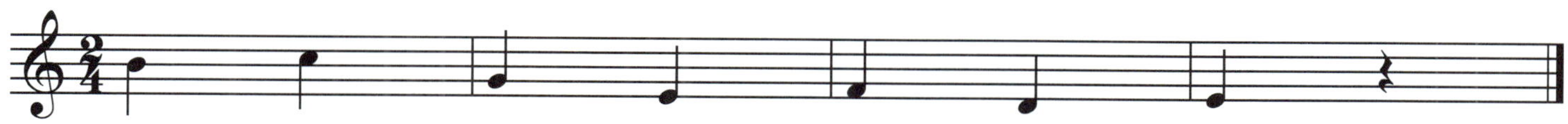

3. 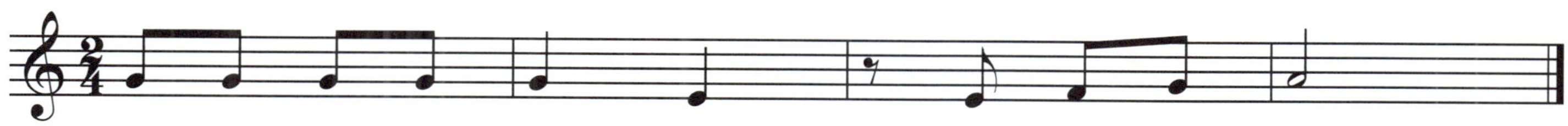

4. 

2. Realiza los siguientes pasos:

   a) Escucha un fragmento de la melodía e identifica después a qué número corresponde. Escribe en tu cuaderno las notas y el ritmo del fragmento que has escuchado.

   ....

   b) Escucha dos melodías seguidas e identifica después a qué números corresponden. Procede de la misma forma.
   c) Escucha tres o cuatro melodías seguidas e identifica después a qué números corresponden. Procede de la misma forma.

3. Escribe los fragmentos de la melodía anterior en el siguiente orden: 4, 1, 3 y 2, para formar la partitura de una canción.

4. Interpreta la canción con la flauta y con los instrumentos de láminas.

2 Música de ayer y de hoy

ACTIVIDADES DE REFUERZO **Fecha** ....

1. Copia este gráfico que representa una melodía *monódica*:

....

2. Observa esta melodía monódica e indica el *ámbito* que tiene, el compás y las figuras y silencios. Pon los matices que prefieras.

....

....

3. Inventa un acompañamiento instrumental para esta melodía:

4. Completa estas series ascendente y descendente entre las notas sol grave y sol agudo. Pon el nombre de las notas:

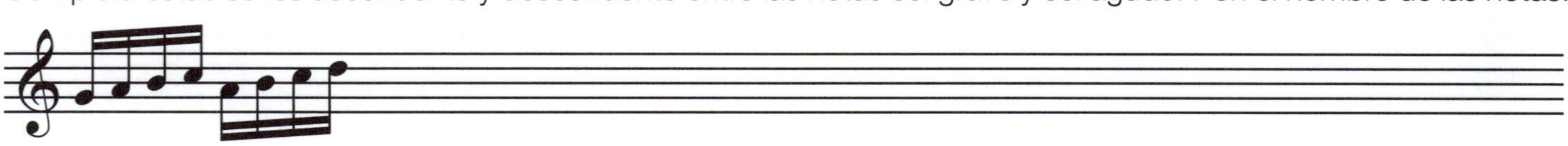

....

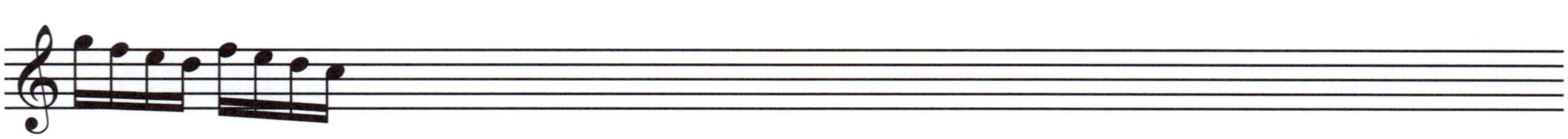

....

5. Observa la duración rítmica de 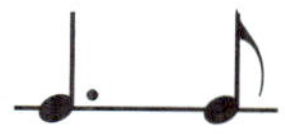. Copia este ejercicio completo:

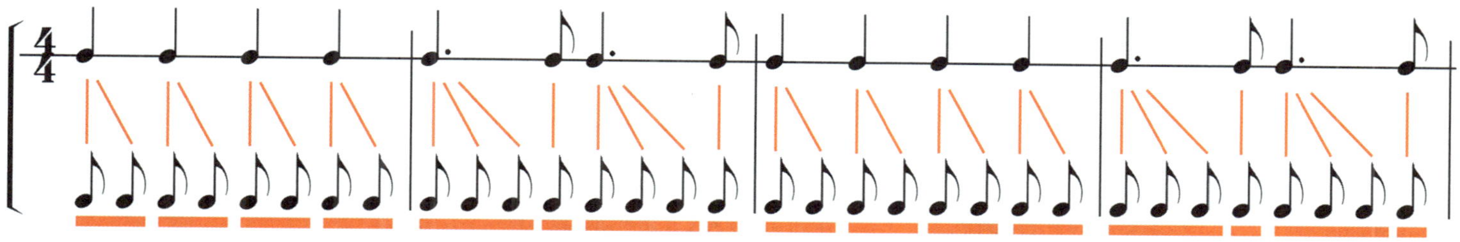

6. Completa la siguiente melodía con las notas y figuras que conoces. El ritmo y la melodía deben estar relacionados con la frase inicial. Inventa una letra y escríbela en la partitura.

7. Copia el siguiente ejercicio y sustituye los *puntillos* por figuras de la misma duración.

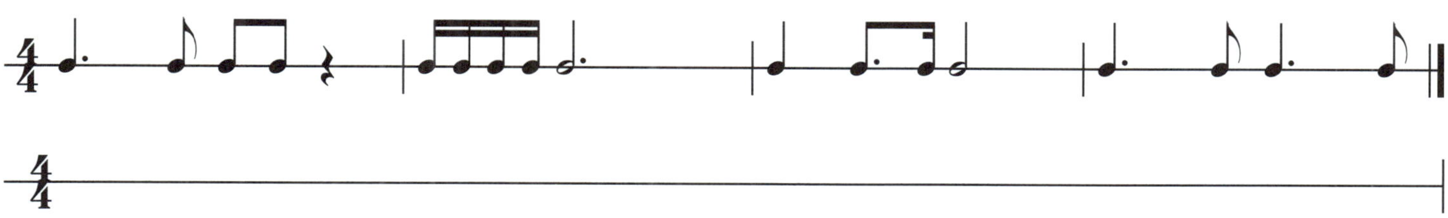

8. Completa los compases para formar notas a contratiempo.

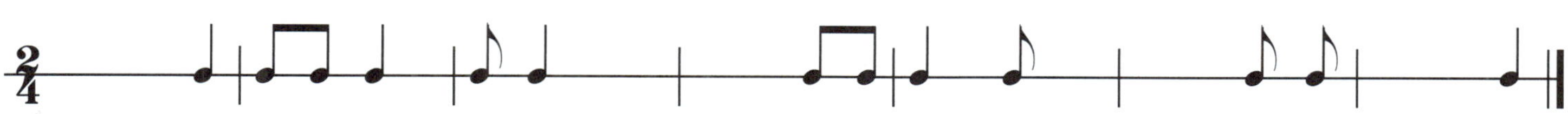

ACTIVIDADES DE AMPLIACIÓN

Fecha ....

1. Copia este gráfico que representa *la armonía.*

....

2. Observa esta melodía acompañada con acordes armónicos. Diferencia la melodía de la armonía poniendo un color distinto en los pentagramas de cada una. Inventa una letra y escríbela en la partitura.

3. Completa estos ejercicios combinando estas figuras y silencios:

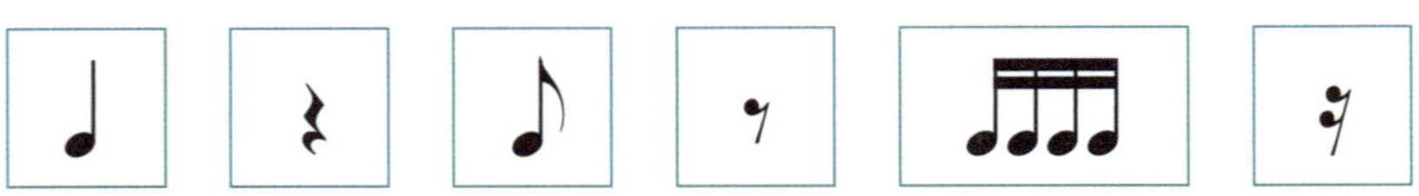

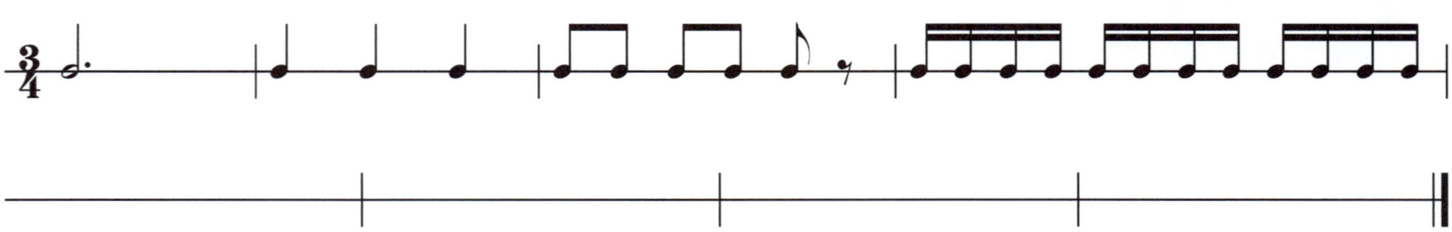

4. Pon los nombres debajo de estas notas:

....

5. Utilizando las notas del ejercicio anterior, inventa una melodía con estas figuras junto con notas a contratiempo y síncopas. Ponle una letra, un título y forma una canción.

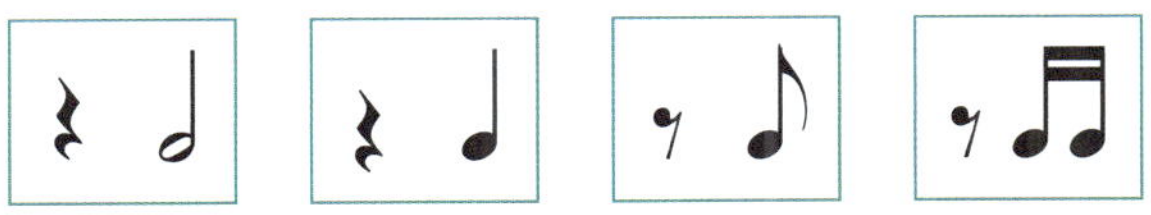

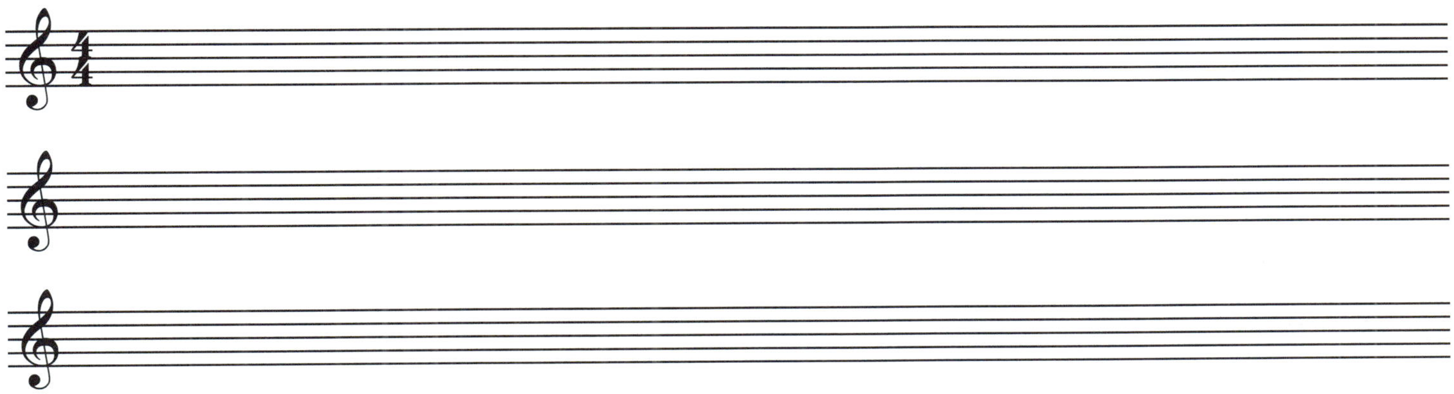

6. Inventa dos ostinatos más que contengan *síncopas* y *notas a contratiempo.*

7. Inventa un acompañamiento con dos instrumentos de percusión para esta melodía:

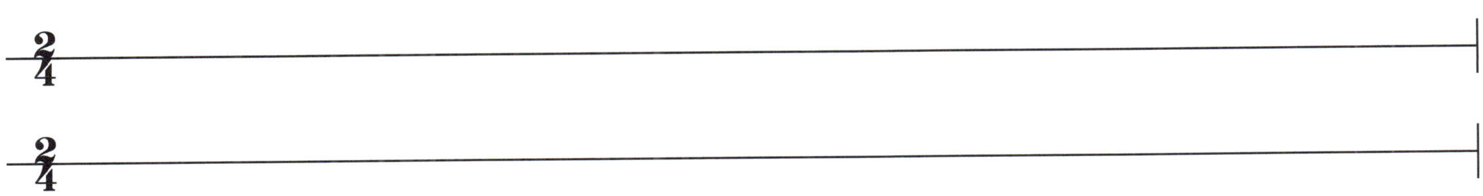

Fecha ....

1. ¿Qué entiendes por textura musical? ....

....

2. Explica:

   a) ¿Qué es la monodia? ....

   ....

   b) ¿Qué es la polifonía? ....

   ....

   c) ¿Qué es la homofonía? ....

   ....

   d) ¿Qué es la melodía acompañada? ....

   ....

3. Describe la forma *rondó* poniendo letras. ....

4. ¿En qué época histórica alcanza su esplendor la polifonía? ....

5. Responde:

   a) ¿Qué es el motete?

   ....

   b) ¿Qué es el madrigal?

   ....

   c) ¿En qué época comienza la ópera?

   ....

6. Escribe los nombres de los instrumentos del Renacimiento que conoces.

....

....

....

7. Une con una línea a cada compositor del Renacimiento con su país de origen.

Juan del Encina	Portugal
Claudio Monteverdi	España
Giovanni P. da Palestrina	Italia
Tomás Luis de Victoria	Francia

1. Escucha e identifica las melodías de esta pieza:

2. Realiza los mismos pasos que se indican en las actividades de la unidad 1.

3. Escribe los fragmentos de la melodía anterior para formar una canción en el siguiente orden: 2, 3 y 1.

4. Interpreta la canción con la flauta y con los instrumentos de láminas.

5. Inventa una letra para esta canción y escríbela debajo de las notas.

3 Música de siempre

ACTIVIDADES DE REFUERZO **Fecha** ....

1. Observa estas notas y cópialas en el pentagrama. Pon el nombre debajo.

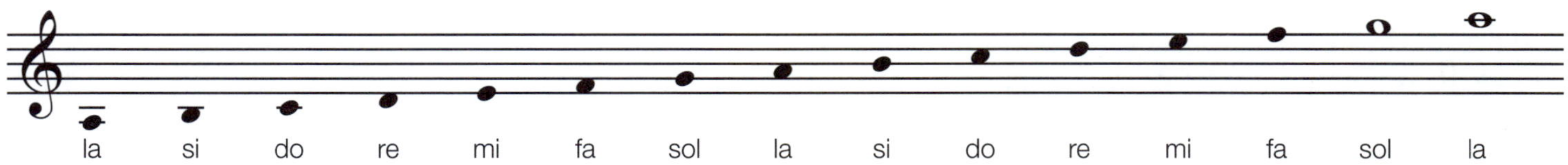

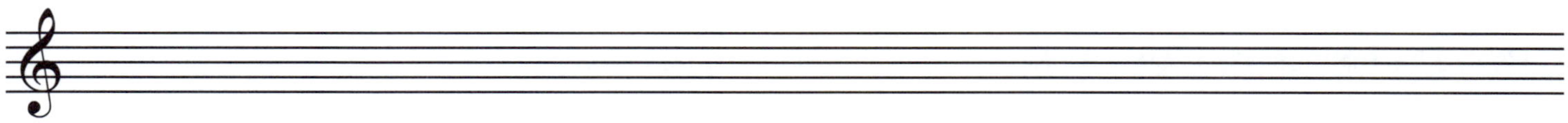

2. Completa esta melodía en la escala de Do y pon los grados:

3. Inventa una melodía con las notas del ejercicio 1, en compás de 4/4 y utilizando las siguientes figuras y silencios. Ponle un título y una letra, y escríbelos en la partitura.

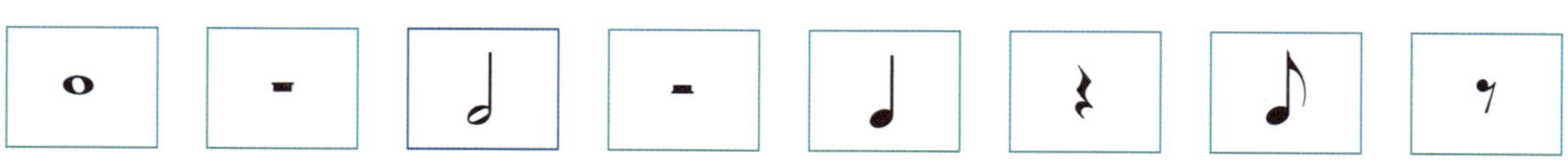

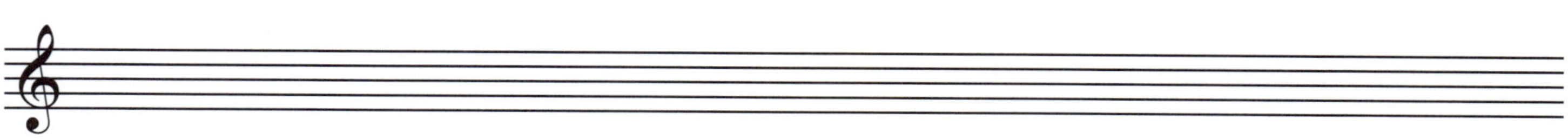

4. Completa los compases con las siguientes notas a contratiempo: 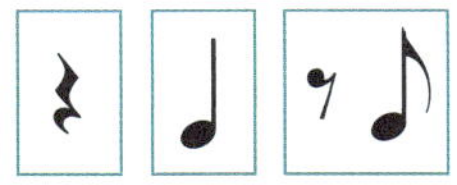

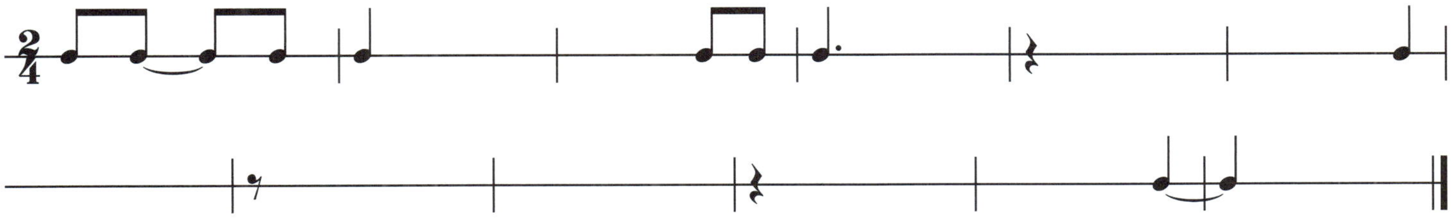

5. Realiza equivalencias utilizando notas a contratiempo entre otras figuras y silencios.

6. Copia este cuadro de equivalencias. Forma una pieza rítmica de 16 compases en 4/4 combinando las figuras y silencios.

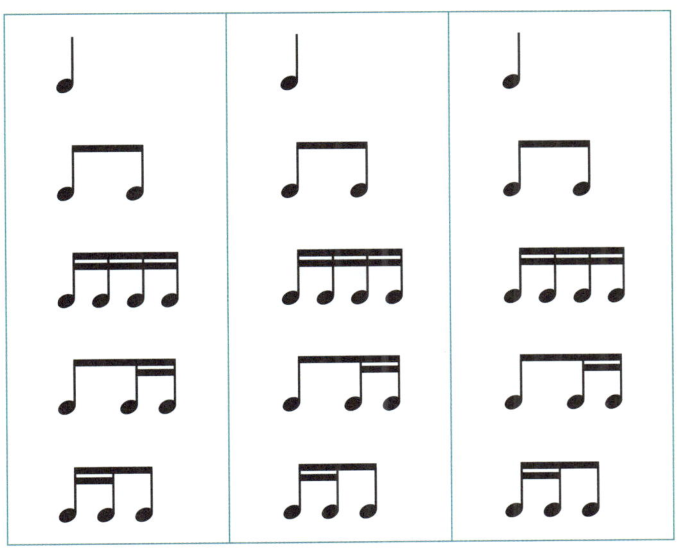

7. Inventa la parte B de este *lied* utilizando grupos de semicorcheas. Copia después la parte A.

a) 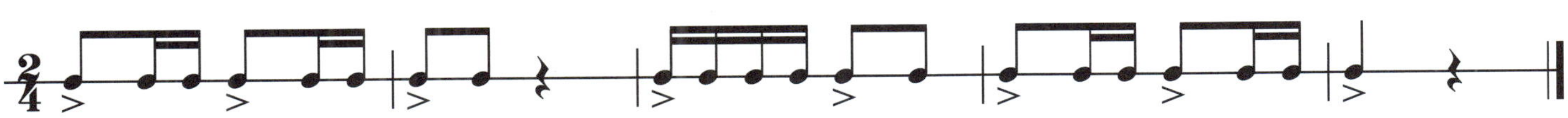

b) ______________________________

c) ______________________________

Fecha ....

1. Copia este pentagrama y añade más notas hasta llegar al la agudo. Pon los nombres.

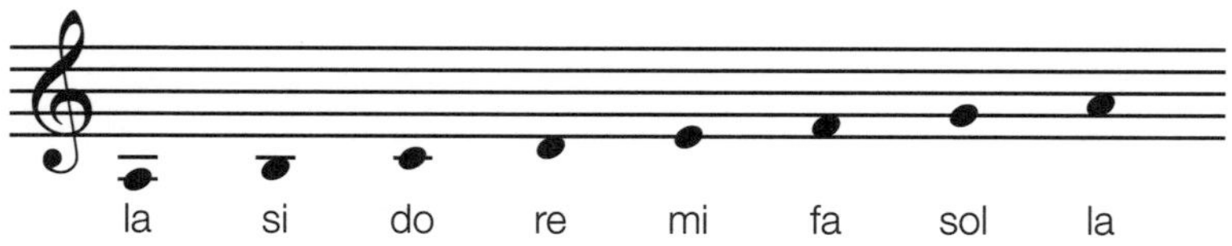

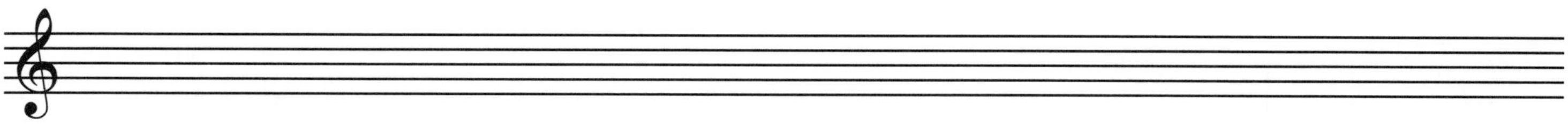

....

2. Con la serie de notas del ejercicio anterior inventa una canción, utilizando estas notas a contratiempo junto con síncopas. Ponle un título e inventa una letra.

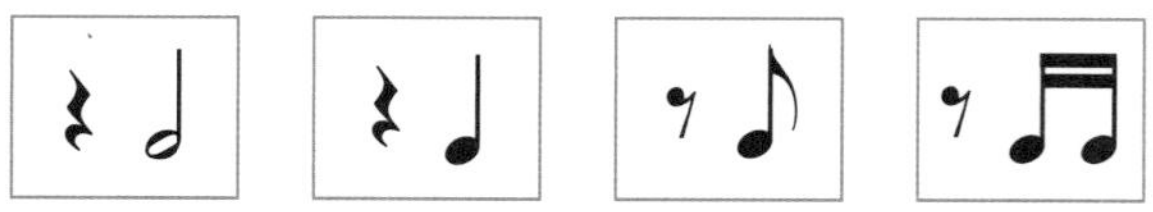

3. Pon los grados en esta melodía escrita en la escala de la menor. Inventa una letra.

Grados ....

4. Completa el siguiente ejercicio con más notas a contratiempo y semicorcheas:

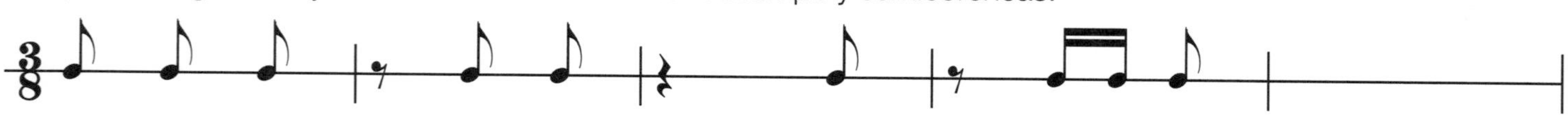

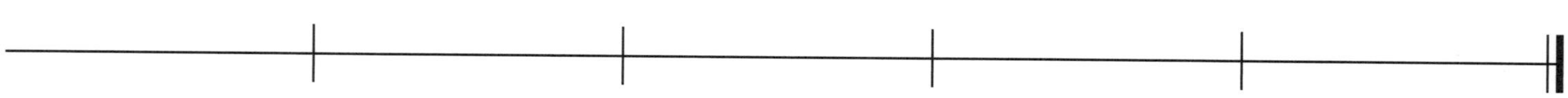

5. Pon notas a este ritmo y forma una canción:

6. Tacha las equivalencias que no correspondan. Forma una pieza combinando las figuras.

1 Tiempo

2 Tiempos

3 Tiempos

7. Inventa un acompañamiento instrumental con percusión para este canon inglés del siglo XVIII:

 Fecha ....

1. Completa con las figuras que correspondan.

duran lo mismo que: 1

duran lo mismo que: 2

duran lo mismo que: 4

2. Escribe los grupos de corcheas y semicorcheas que conoces.

3. Escribe los grupos del ejercicio anterior sustituyendo algunas figuras por silencios.

4. Completa.

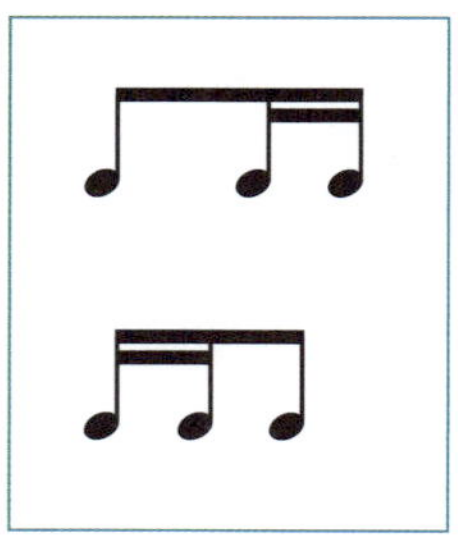

duran lo mismo que: 1 ....

duran lo mismo que: 2 ....

duran lo mismo que: 3 ....

5. Escribe en tu cuaderno todo lo que sepas sobre la vida y la obra del compositor Benjamin Britten.

6. Pon el nombre de los instrumentos de la orquesta agrupados por familias.

Familia de cuerda ....

Familia de viento-madera ....

Familia de viento-metal ....

Familia de percusión ....

....

7. Indica los dos hechos fundamentales que marcaron el comienzo del Barroco musical.

....

....

Fecha ....

1. Escucha e identifica estas melodías que pertenecen al canon del compositor inglés del Barroco Henry Purcell.

2. Escucha las melodías e identifica a qué números corresponden. Realiza los mismos pasos que se indican en las actividades de la unidad 1.

3. Interpreta la pieza con la flauta y con los instrumentos de láminas.

4. Interpreta la pieza en forma de canon de la siguiente manera:

   1.º Xilófonos y metalófonos bajo tocan dos veces el tema 2.

   2.º Se añaden los xilófonos tocando el tema 1.

   3.º Se añaden los metalófonos tocando el tema 5.

   4.º Se añaden los carillones tocando el tema 3.

   5.º Se añaden las flautas tocando el tema 4.

   Tocad todos juntos el canon cuatro veces y final.

4 La música formal

ACTIVIDADES DE REFUERZO Fecha ....

1. Copia este pentagrama con las notas en clave de fa y añade más notas. Pon el nombre a cada una.

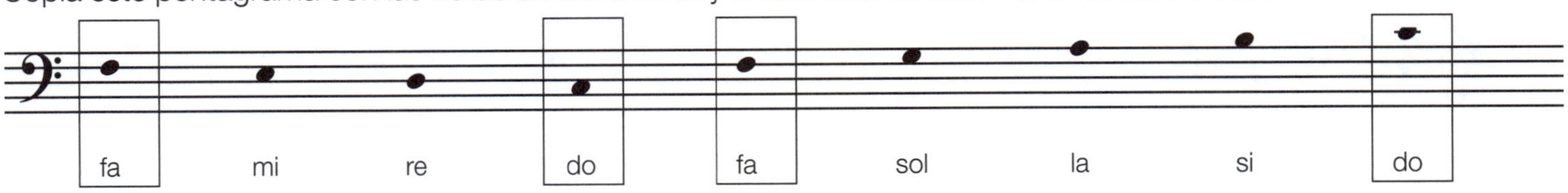

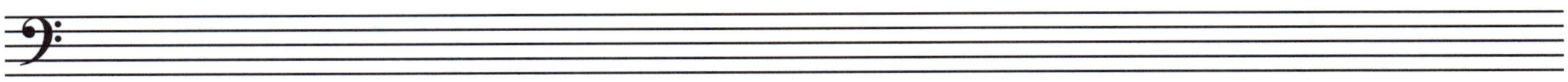

2. Completa esta serie ascendente con notas a contratiempo hasta llegar al la agudo y pon el nombre de las notas:

....

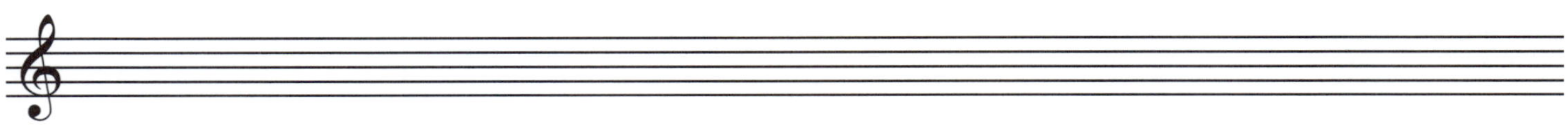

3. Copia el teclado del piano donde van situadas las notas con sostenido.

4. Sustituye el grupo de cuatro semicorcheas 

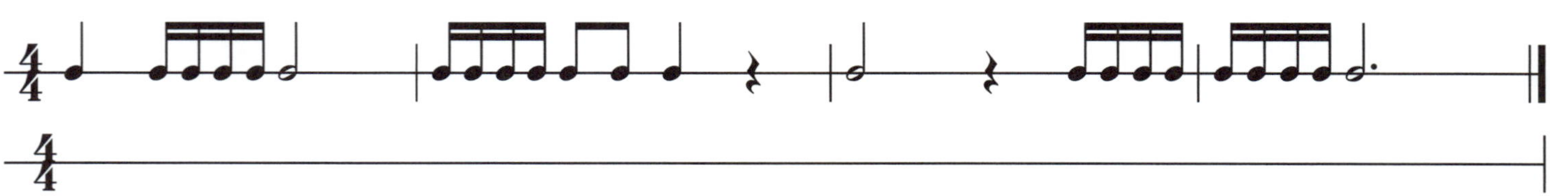

5. Completa los compases con grupos de corchea y dos semicorcheas.

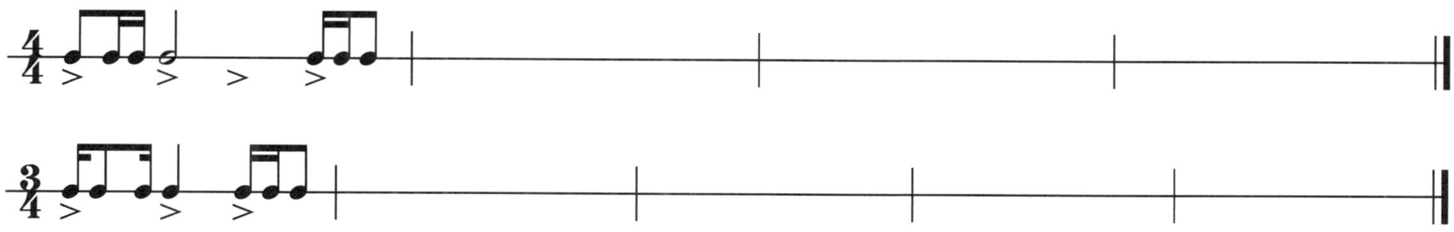

6. Observa la siguiente pieza a dos voces que tiene un sostenido en la armadura de la clave. Interpretad este minueto con las flautas a dos voces teniendo en cuenta: el compás y los acentos, el comienzo en anacrusa, el ámbito de la melodía y el sostenido en la nota fa.

7. Fíjate en la partitura de la canción y analiza los siguientes elementos y señálalaos en la partitura:

Let It Be — The Beatles

– En cuanto al ritmo: Compás ....

Figuras que contiene ....

Signos de prolongación ....

Síncopas y notas a contratiempo ....

– En cuanto a la melodía:

El ámbito ....

La escala y tonalidad de la pieza ....

– En cuanto a la forma:

Signos de repetición ....

1. Observa la colocación de las notas en clave de fa.

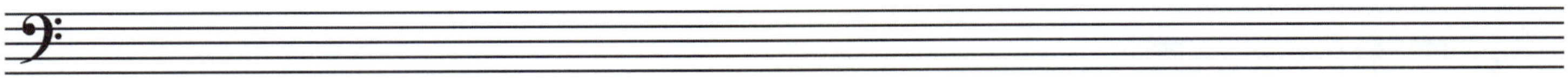

2. Inventa una melodía con las notas del ejercicio anterior y estas figuras. Pon el nombre de las notas

3. Completa este ejercicio con notas a contratiempo y síncopas, entre otras figuras.

4. Pon notas al ejercicio anterior para formar una canción. Inventa una letra y escríbela.

5. Escribe estas notas alteradas en el teclado del piano en el lugar que les corresponde:

do♯ mi♭ fa♯ do♭ mi♯ la♭ si♯ la♯ fa♭

6. Coloca las alteraciones de la armadura de la clave en las notas que corresponda:

7. Inventa la parte B y C de este rondó.

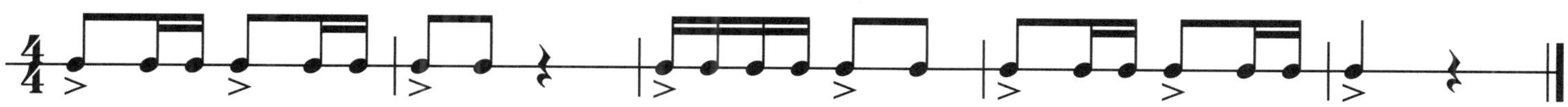

8. Busca en la sopa de letras el nombre de veinte términos musicales que ya conoces.

R	I	N	T	E	N	S	I	D	A	D	M
P	B	C	I	G	A	I	B	A	V	O	J
U	J	A	M	A	R	G	A	T	N	E	P
N	P	L	B	C	U	E	N	O	L	U	I
T	O	T	R	W	B	V	S	N	L	N	A
I	M	U	E	A	L	A	C	S	E	O	N
L	A	R	R	F	A	R	O	O	R	I	O
L	I	E	D	A	N	G	R	D	I	C	E
O	O	T	N	E	C	A	O	I	T	A	L
L	C	O	M	P	A	S	H	N	M	R	O
E	V	A	L	C	A	Y	E	O	O	U	S
U	M	E	L	O	D	I	A	S	H	D	O

Fecha ....

1. Escribe los signos de las alteraciones que correspondan y completa las oraciones.

   Sostenido ☐ .... la altura del sonido de la nota un .... o ....

   Bemol ☐ .... la altura del sonido de la nota un .... o ....

   Becuadro ☐ .... los efectos del sostenido y del bemol.

2. Explica la forma rondó. ....

   ....

   ....

   ....

3. Indica con las letras que designan a cada tema, un esquema de forma rondó.

   ....

4. Completa:

   El sostenido produce un efecto ascendente de ....

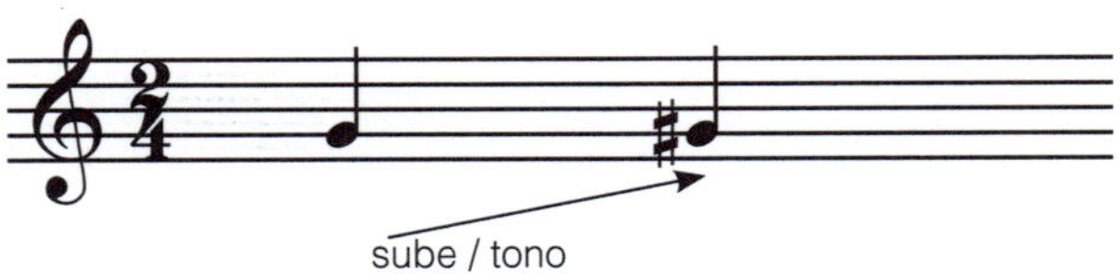

   El bemol produce un efecto descendente de ....

   El becuadro puede producir efecto .... o ....

o

5. Escribe en tu cuaderno todo lo que sepas sobre la vida y la obra del compositor Edvard Grieg.

6. Escribe los nombres de los compositores del Clasicismo indicando sus fechas y su país de origen.

   ....

   ....

   ....

1. Escucha e identifica estas melodías que pertenecen a la pieza *Alborada* (canon), de Friedrich Silcher (1789-1860).

1. 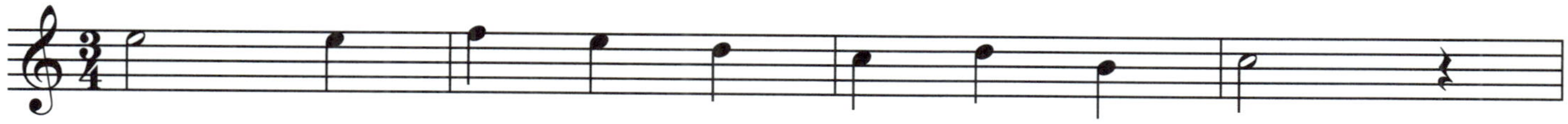

2. 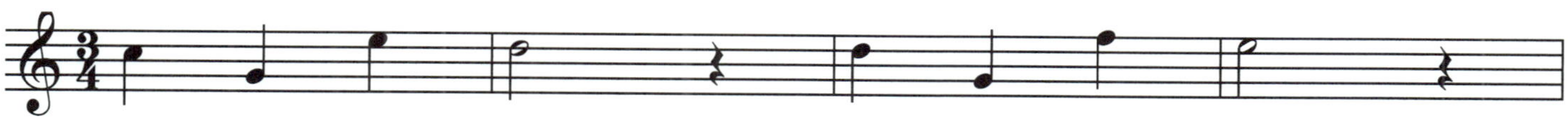

3. 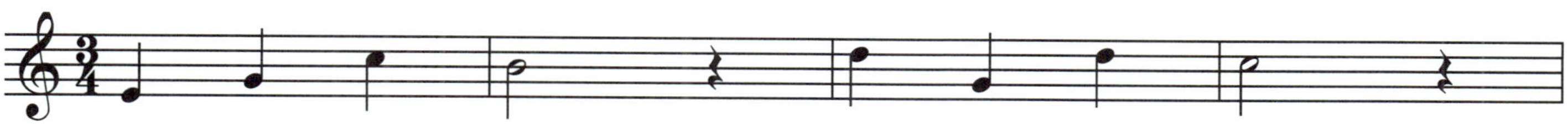

4. 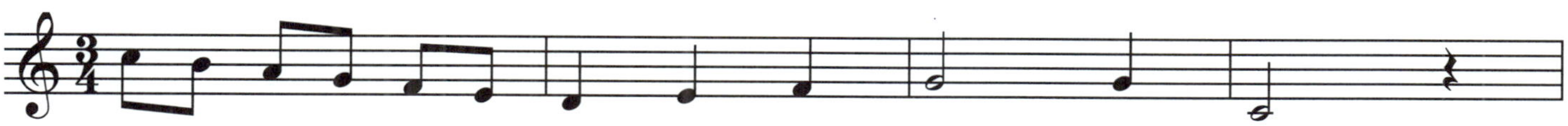

5. 

6. 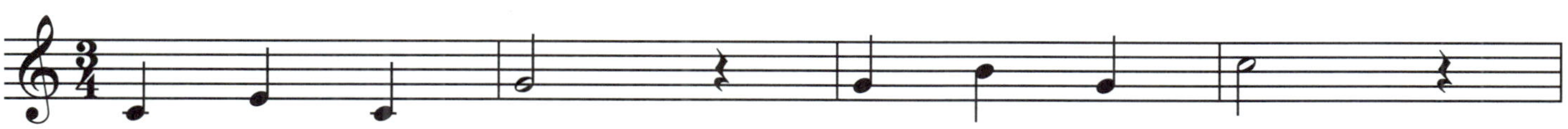

2. Escucha las melodías e identifica a qué números corresponden. Realiza los mismos pasos que se indican en las actividades de la unidad 1.

3. Escribe los fragmentos del canon anterior para formar la canción, en el siguiente orden: 2, 1, 3, 5, 6 y 4.

4. Interpreta la pieza con la flauta y con los instrumentos de láminas en forma de canon.

5 Las raíces de la música

ACTIVIDADES DE REFUERZO **Fecha** ....

1. Coloca en el pentagrama las siguientes notas: fa, sol, la, fa, do, la, fa, sol, mi, re, do, la, sol, do, mi, fa, la, sol, mi, re, do.

2. Inventa una canción utilizando las notas del ejercicio 1 y estas figuras con sus silencios:

3. Sustituye las semicorcheas por silencios de semicorchea.

4. Completa este ejercicio con los grupos de semicorcheas que correspondan:

5. Inventa un ritmo en compás 4/4 que contenga estas figuras y silencios:

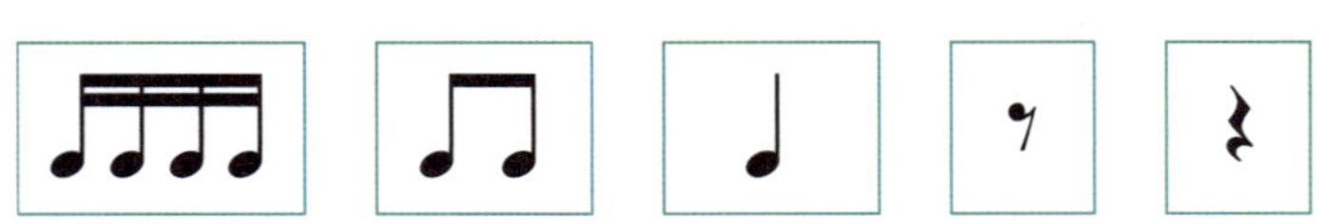

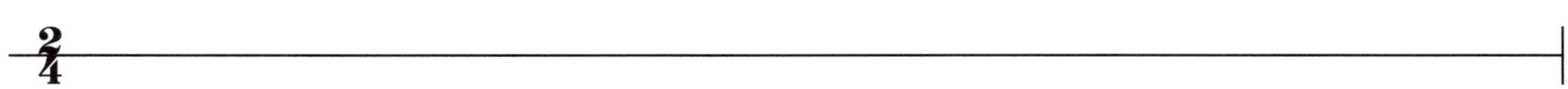

6. Observa las equivalencias y crea una pieza rítmica combinando estos grupos:

7. Completa los compases con síncopas y notas a contratiempo.

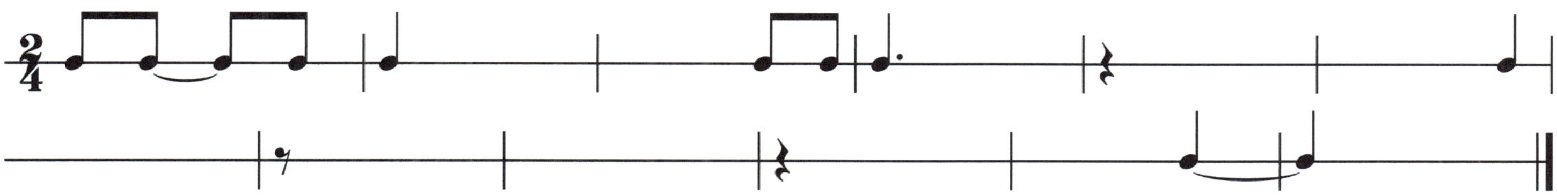

8. Inventa un acompañamiento rítmico con instrumentos de percusión para esta canción:

Come and Sing Together

Tradicional de Hungría

Fecha ....

1. Escribe el nombre de las notas en clave de fa y completa añadiendo más.

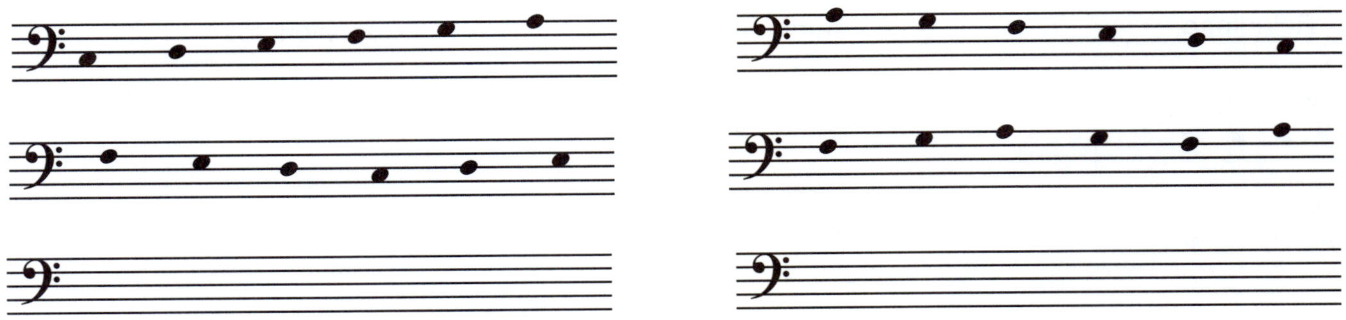

2. Relaciona con flechas los círculos que tengan la misma duración. ¿Todos se pueden unir?

3. Escribe tres variaciones de estos esquemas rítmicos con la misma duración:

4. Inventa las partes B y C de este rondó:

a) 

b)

c)

5. Interpretad esta canción de Henry Purcell para dos voces con los instrumentos de láminas, la flauta o el teclado. Atended a las alteraciones accidentales.

6. Completa esta melodía en la tonalidad de la menor. Inventa una letra y ponla debajo de las notas.

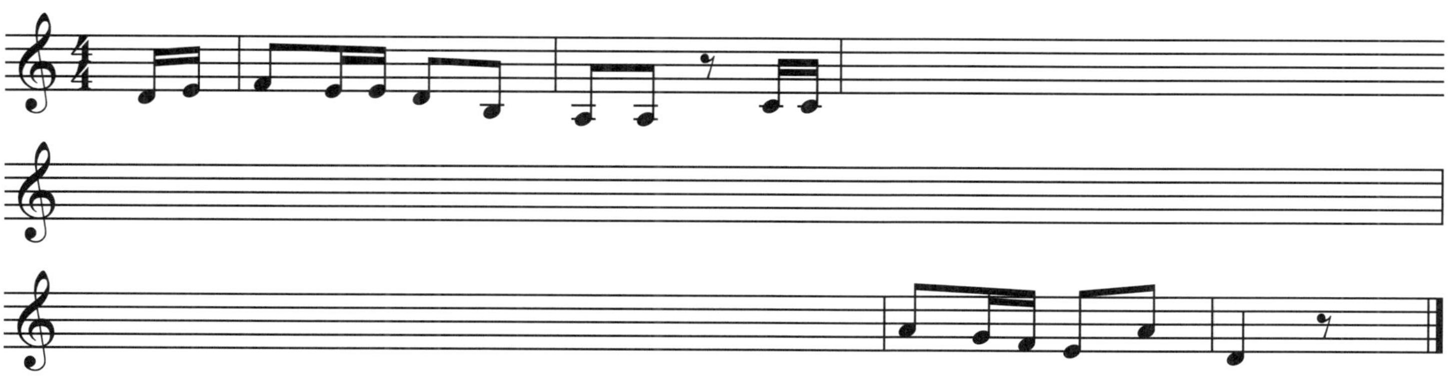

7. Escribe la escala de la menor y coloca los grados.

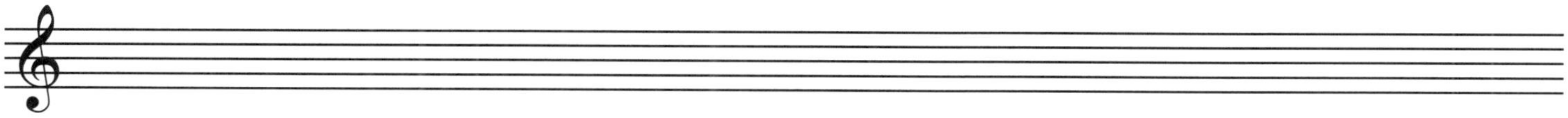

ACTIVIDADES DE EVALUACIÓN

Fecha ....

1. Escribe los procedimientos compositivos que conoces.

2. ¿Qué formas musicales se sirven de la imitación?

3. Explica el procedimiento compositivo de la variación.

4. Escribe debajo de cada ejemplo si contiene alteraciones propias o accidentales. Indica el nombre de las notas que tienen alteraciones propias y el nombre de las que tienen alteraciones accidentales.

5. ¿Qué es la armadura de la clave? ¿Dónde se coloca?

6. Explica qué indica la clave de fa. Coloca las notas en clave de fa que conoces y pon debajo su nombre.

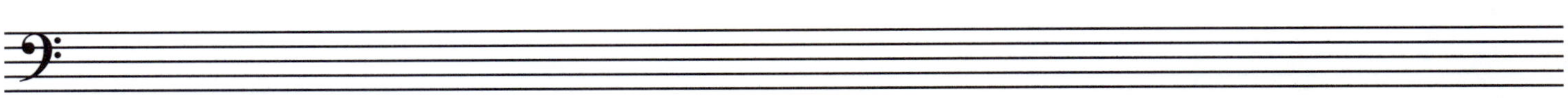

7. Relaciona los grandes compositores del Romanticismo con su país de origen.

España	Clara Schumann
Alemania	Maurice Bizet
Francia	Juan Crisóstomo de Arriaga
Polonia	Frédéric Chopin

1. Escucha e identifica las melodías de esta pieza:

a) 

b) 

c) 

2. Escucha las melodías e identifica a qué números corresponden. Realiza los mismos pasos que se indican en las actividades de la unidad 1.

3. Escribe los fragmentos de la melodía anterior en el siguiente orden: 2, 3, 1. En este orden formarás la partitura de un famoso canon clásico alemán.

4. Interpreta la pieza en forma de canon con la flauta y con los instrumentos de láminas.

5. Inventa una letra para esta canción y escríbela en la partitura.

....

....

....

....

....

....

....

....

6

La magia de los sonidos

ACTIVIDADES DE REFUERZO **Fecha** ....

1. Completa esta serie ascendente hasta llegar al la agudo.

2. Inventa otras series similares que empiecen por un la agudo y terminen con un la grave.

3. Escribe las escalas de Do ascendente y descendente en clave de fa, y pon el nombre a las notas.

4. Indica a cuántas partes del compás de 3/4 equivalen estos grupos de figuras:

Figuras	N.º de partes	Figuras	N.º de partes
	....		....
	....		....
	....		....
	....		....

5. Observa cómo en el compás de 6/8 una blanca con puntillo dura todo el compás. Completa el ejercicio con otras figuras.

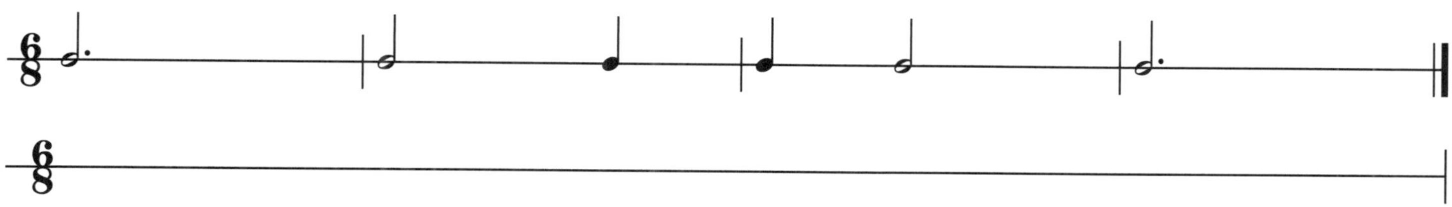

6. Observa este ejercicio en compás de 6/8. Inventa nueve compases más.

7. Copia este ejercicio con síncopas y añade seis compases más.

8. Inventa dos ejercicios diferentes de *imitación* a este:

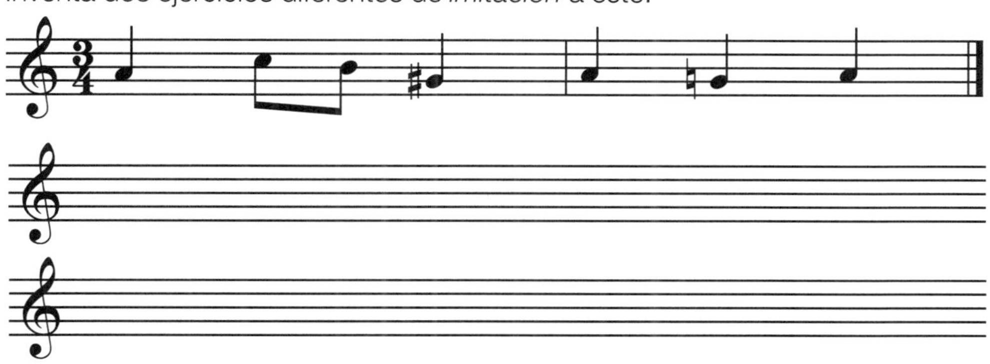

9. Completa esta melodía con síncopas y notas a contratiempo. Añade una letra.

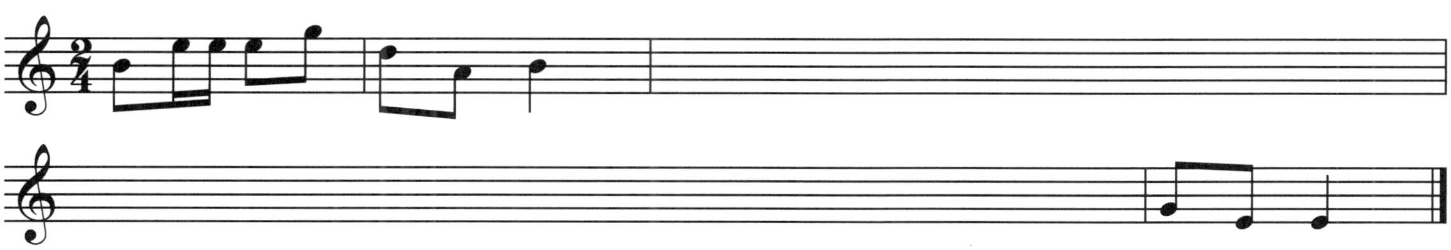

Fecha ....

1. Completa esta serie de notas en clave de fa. Pon las líneas divisorias y los nombres.

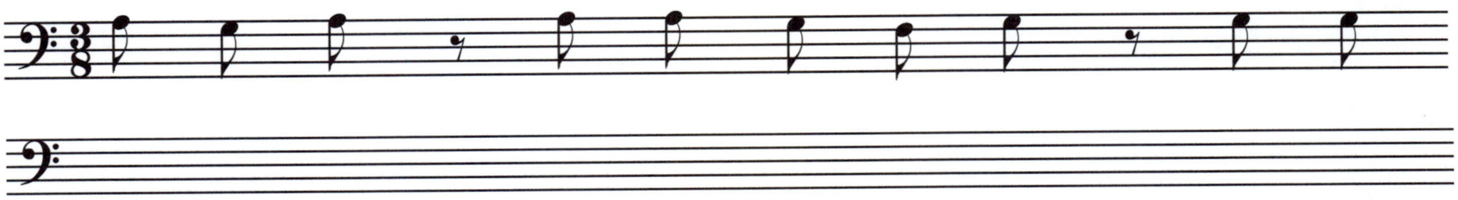

2. Observa el ejercicio y añade 10 compases más con síncopas, semicorcheas y silencios.

3. Inventa una variación para esta melodía:

4. Crea ejercicios rítmicos utilizando las figuras de este cuadro. Forma compases de 4/4 combinando diferentes direcciones en el orden de los cuadros, como por ejemplo:

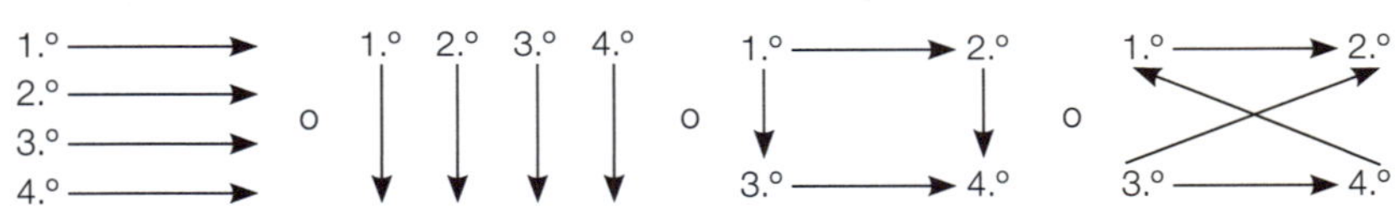

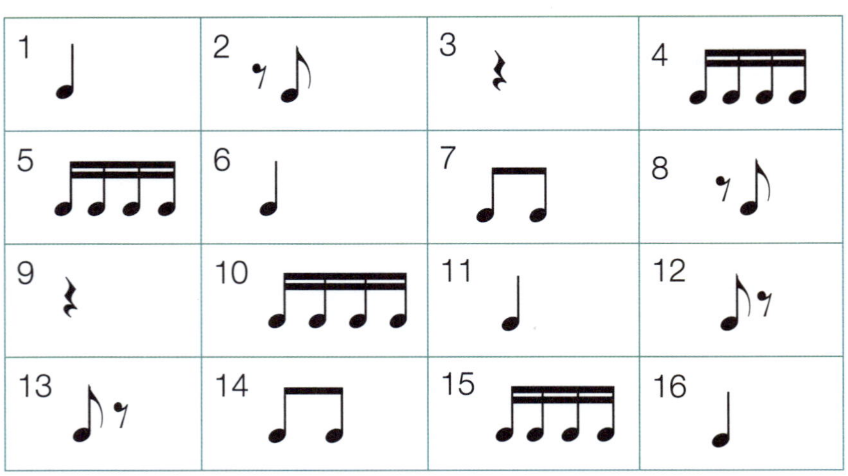

Utiliza las figuras y silencios de los cuadros seguidos y sin repetirlos. Un ejemplo con 1, 2, 3, 4 será:

¿Cuántos compases diferentes puedes formar?

5. Observa cómo en el compás de 6/8 en cada parte entran seis semicorcheas. Completa el ejercicio.

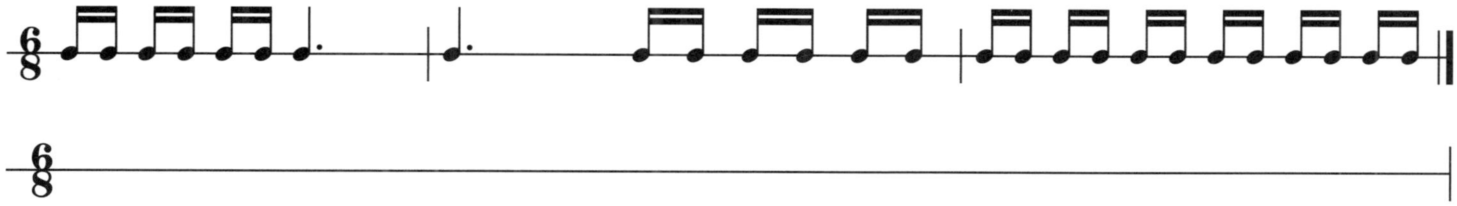

6 Observa este ejercicio en compás de 6/8 con silencios. Inventa ocho compases más que contengan silencios y semicorcheas.

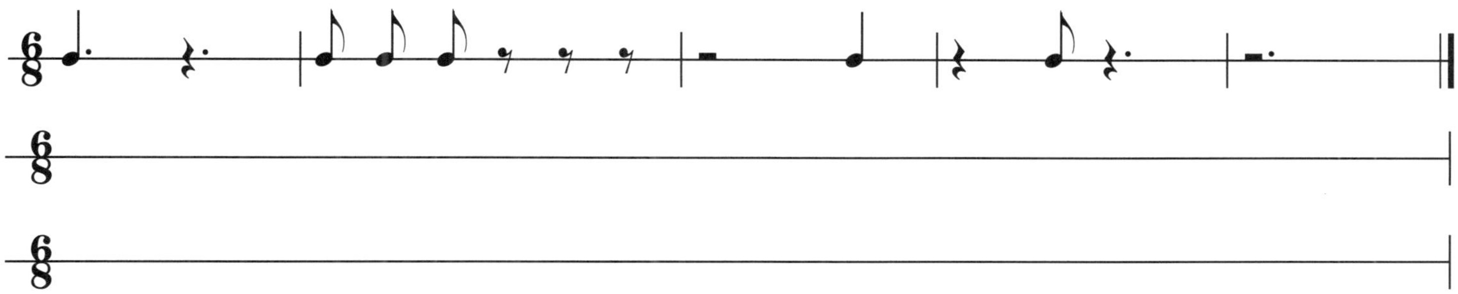

7. Fíjate en esta partitura con el signo de repetición *Da capo al Fine.* Pon el nombre de las notas. Escribe cómo quedaría la pieza sin el signo de repetición.

8. Inventa una parte B para esta melodía, busca los contrastes y pon matices. Añade una letra.

 Fecha ....

1. Pon las figuras y los silencios que corresponden a estas duraciones en compás de 6/8:

   1 tiempo ....

   1 tercio ....

   1 compás ....

   2 tercios ....

2. Completa:

   - El compas de 6/8 es *binario* porque ....
   - Es un compás de *subdivisión ternaria* porque ....
   - Escribe de otra forma el compás de 6/8. ....

3. Define qué son las *síncopas* y pon dos ejemplos rítmicos.

   ....

   ....

4. Define qué son las *notas a contratiempo* y pon dos ejemplos rítmicos.

   ....

   ....

5. Escribe todo lo que sepas sobre la vida y la obra de Chaikovski.

   ....

   ....

   ....

6. Escribe las características generales de la música posromántica.

   ....

   ....

7. Explica el género de la zarzuela.

   ....

   ....

8. Dentro de la zarzuela, indica dos compositores del *género grande* y dos del *género chico.*

   ....

   ....

   ....

Fecha ....

1. Escucha e identifica las siguientes melodías:

1 

2 

3 

4 

5 

2. Estos fragmentos melódicos están en la tonalidad de Fa Mayor, que tiene la nota si alterada con un bemol en la armadura de la clave. Escribe la escala de Fa Mayor ascendente y descendente.

3. Escucha las melodías e identifica a qué números corresponden. Realiza los mismos pasos que se indican en las actividades de la unidad 1.

4. Escribe los fragmentos de la melodía anterior en el siguiente orden: 1, 5, 3, 2, 4. Interpreta la pieza con flauta, láminas o teclado.

7 Cantando se hace el camino

ACTIVIDADES DE REFUERZO **Fecha** ....

1. Completa esta serie ascendente hasta llegar al la agudo. Pon el nombre de las notas.

2. Completa esta melodía en el compás de 6/8:

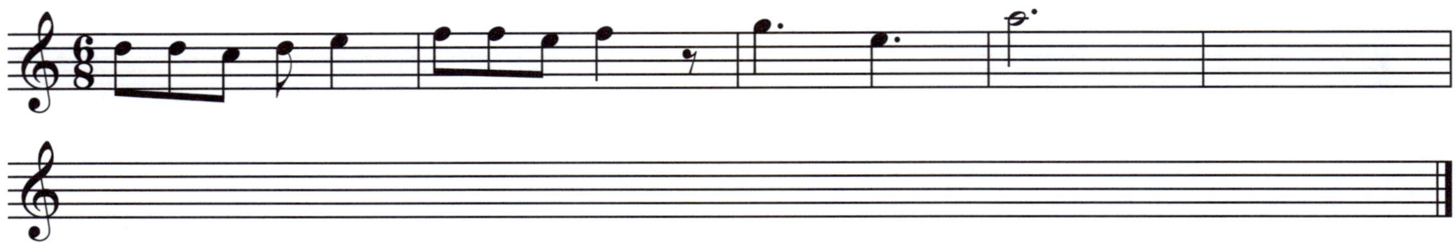

3. Completa los compases que lo necesiten con estos grupos de figuras:

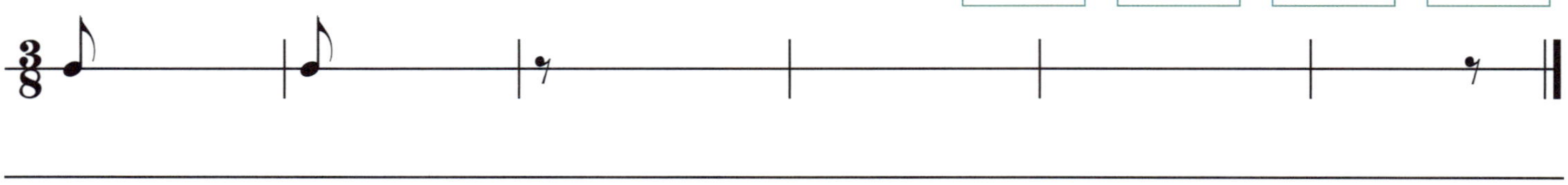

4. Escribe cuatro ejemplos de intervalos melódicos:

De.................... a.................... De.................... a.................... De.................... a.................... De.................... a....................

5. Escribe cuatro ejemplos de intervalos armónicos:

De.................... a.................... De.................... a.................... De.................... a.................... De.................... a....................

6. Completa la equivalencia.

dura lo mismo que..............................

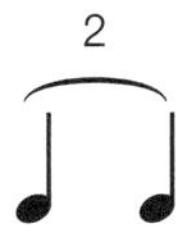

dura lo mismo que..............................

7. Completa el ejercicio utilizando tresillos 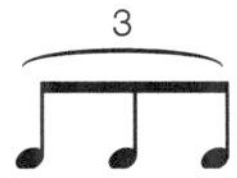 , entre otras figuras y silencios.

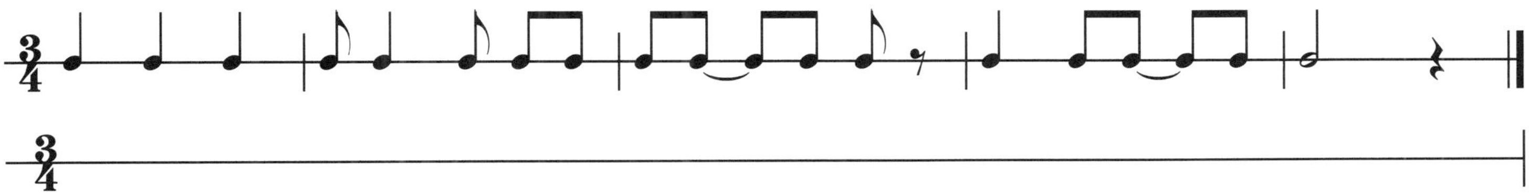

8. Completa esta melodía en Fa Mayor y pon matices. Inventa una letra.

9. Analiza la partitura de esta pieza:

Los Picapiedra

En cuanto al ritmo:

Compás ....

Localiza las síncopas y señálalas con un círculo.

En cuanto a la melodía:

El ámbito..............................

La escala y tonalidad de la pieza..............................

ACTIVIDADES DE EVALUACIÓN

Fecha ....

1. ¿A qué se denomina intervalo? ....

2. Explica los tipos de intervalos con sus ejemplos.
   - Intervalos ascendentes .... Cuando ....
   - Intervalos .... Cuando ....
   - Intervalos melódicos .... Cuando ....
   - Intervalos .... Cuando ....

Intervalos .... Intervalos .... Intervalos .... Intervalos ....

3. Escribe la clasificación de estos intervalos según el número de notas:

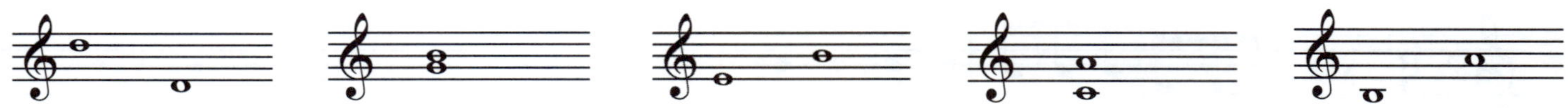

....

4. Explica qué son los grupos de valoración especial:

   El tresillo ....

   El dosillo ....

5. Escribe todo lo que sepas sobre la vida y la obra del compositor Manuel de Falla. ....

   ....

   ....

   ....

6. Escribe los datos que conoces sobre los siguientes compositores:

   Felipe Pedrell ....

   Isaac Albéniz ....

   Enrique Granados ....

   Joaquín Turina ....

ACTIVIDADES DE DICTADO MUSICAL

Fecha ....

1. Escucha e identifica los fragmentos de esta melodía:

1. 

2. 

3. 

4. 

2. Escucha las melodías e identifica a qué números corresponden. Realiza los mismos pasos que se indican en las actividades de la unidad 1. Pon atención a las alteraciones.

3. Escribe la melodía anterior en el siguiente orden: 4, 2, 1, 3 para formar una canción.

4. Interpreta la canción con la flauta, con las láminas o con un teclado.

5. Inventa una letra y escríbela en la partitura.

8

¡Que no pare la música!

ACTIVIDADES DE REFUERZO **Fecha** ....

1. Completa esta melodía en Do Mayor poniendo notas a contratiempo. Pon matices.

2. Completa esta melodía en re menor poniendo tresillos y síncopas. Inventa una letra.

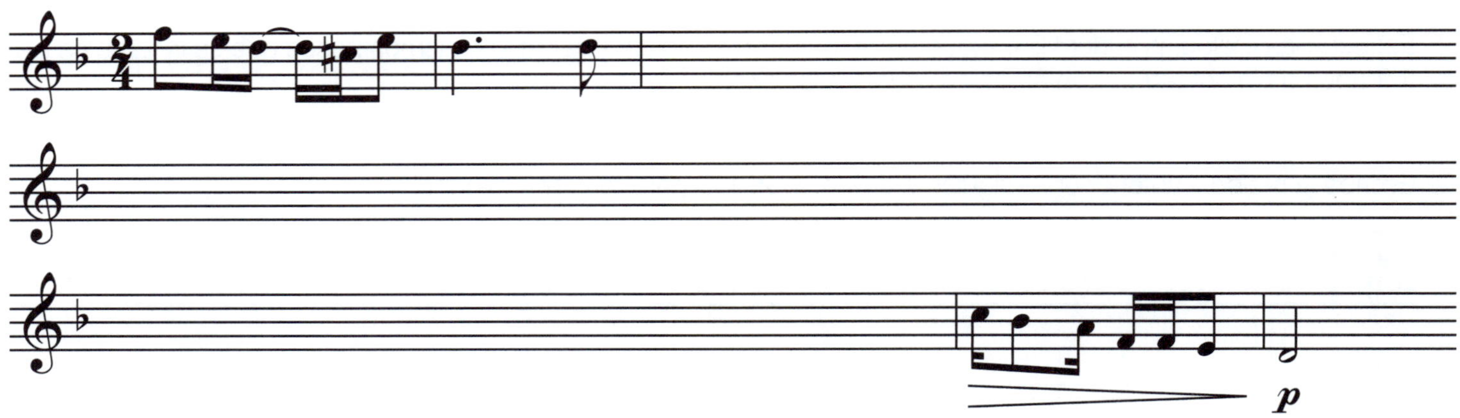

3. Inventa una parte B para esta melodía. Busca los contrastes y pon matices.

4. Escribe la escala de Sol Mayor. Pon los tonos, los semitonos y los grados.

5. Escribe la escala de mi menor. Pon los tonos, los semitonos y los grados.

6. Escribe los acordes formados con la escala de Do Mayor. Escribe los grados y el nombre del acorde.

Acorde de ....

7. Escribe los acordes para los acompañamientos elementales de la escala de la menor.

....

8. Crea una pieza que empiece en anacrusa, utilizando, entre otras, estas figuras y silencios:

9. Completa esta melodía en mi menor utilizando, entre otras, las síncopas. Pon una letra.

 Fecha ....

1. Escribe cinco ejemplos de intervalos armónicos:

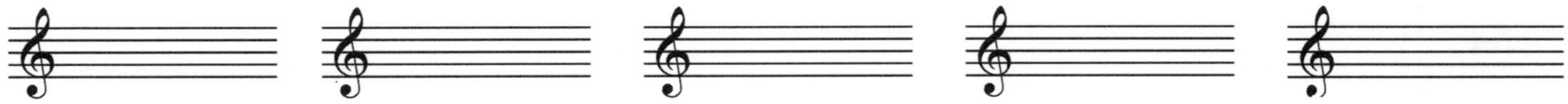

De .... De .... De .... De .... De ....

2. Clasifica estos intervalos según el modelo: ascendente, descendente, melódico, armónico.

....

3. Contesta:
   - ¿A qué se denomina acorde? ....
   - ¿Cuál es la finalidad de los acordes? ....
   - ¿Cómo se forman los acordes fundamentales? ....

4. Explica los acordes más frecuentes para los acompañamientos elementales. Pon ejemplos con la escala de la menor.

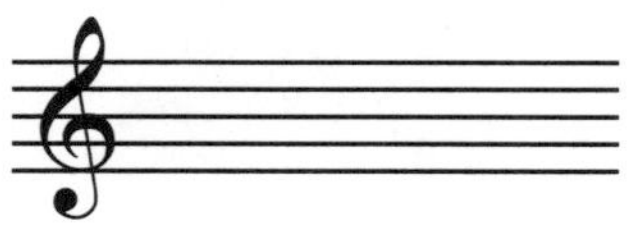
Acorde de .... se forma sobre .... de la escala.

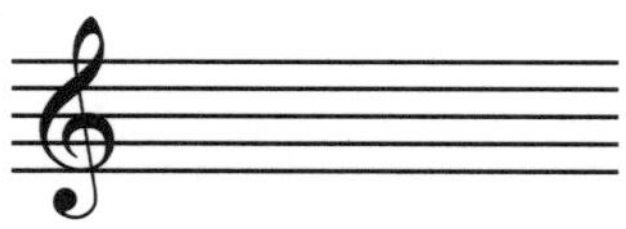
Acorde de .... se forma sobre .... de la escala.

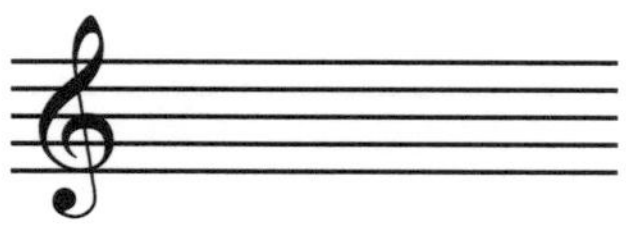
Acorde de .... se forma sobre .... de la escala.

5. Clasifica los siguientes intervalos según el número de notas que abarquen y según sean ascendentes, descendentes, melódicos o armónicos:

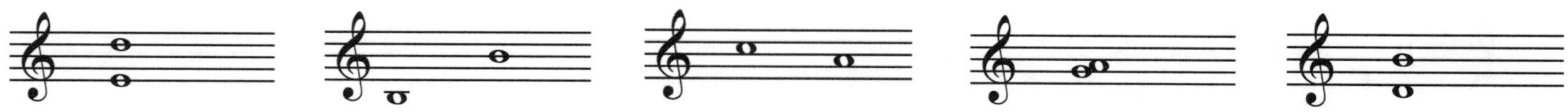

....

6. Escribe los siguientes intervalos:

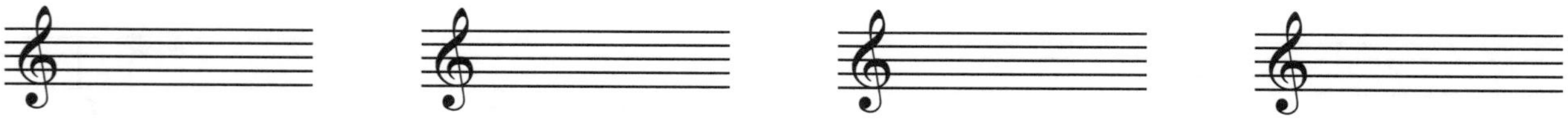

Tercera ascendente Tercera ascendente Tercera ascendente Tercera ascendente

7. Escribe la escala descendente de mi menor. Coloca los tonos, los semitonos y los grados.

8. Señala en el siguiente ejercicio las síncopas con una **S** y las notas a contratiempo con una **C**:

9. Escribe, junto a la fotografía de cada compositor, su nombre, su lugar y fecha de nacimiento, el nombre de sus obras y la pieza que has escuchado en las audiciones del libro.